8ᵉ X Pièce
2050

LES NOMS DES POINTS DE L'ESPACE

CHEZ LES

ARYENS DE L'EUROPE ORIENTALE ET DE L'ASIE

PAR

le Comte de CHARENCEY

CAEN

HENRI DELESQUES, IMPRIMEUR-ÉDITEUR

34, RUE DEMOLOMBE, 34

—

1910

LES NOMS DES POINTS DE L'ESPACE

CHEZ LES

ARYENS DE L'EUROPE ORIENTALE

ET DE L'ASIE

PAR

le Comte de CHARENCEY

8 X^pièce

2050

CAEN

HENRI DELESQUES, IMPRIMEUR-ÉDITEUR

34, RUE DEMOLOMBE, 34

—

1910

*Extrait des Mémoires de l'Académie nationale des Sciences,
Arts et Belles-Lettres de Caen (1910)*

LES NOMS DES POINTS DE L'ESPACE

CHEZ LES

ARYENS DE L'EUROPE ORIENTALE & DE L'ASIE

Des noms des points de l'espace chez les peuples Letto-Slaves (1).

Le premier fait qui, sans doute, frappera le lecteur, c'est qu'au point de vue qui nous occupe, la ressemblance, sans être extrêmement frappante, reste cependant un peu plus sensible entre les divers représentants de la famille Letto-Slave, qu'elle ne le serait, par exemple, entre ceux des groupes Celto-Italiques ou Irano-Persans. N'aurait-on pas quelque droit d'en conclure que la date de

---

(1) Principaux ouvrages consultés. — 1° F. Miklosich : *Dictionnaire des langues Slaves*, Wien, 1885 ; 2° F. Miklosich : *Etymologisches Wœrterbuch der Slavischen Sprachen*, Wien, 1886 ; 3° Murko *Deutsch Slowenisch and Slowenisch deutsch handwœrterbuch*, Graetz, 1883 . 4° Iarnik : *Versuch eines Etymologikon der Slowenischen mundart in inner Œsterreich*, Klagenfuert, 1832; 5° F. Miklosich : *Radices linguæ Slavonicae Veteris dialecti*, Lipsiæ, 1845 , 6° Miklosich : *Lexicon palæoslavicum græco latinum*, Vindobona, 1862 . 7° Schma-

TABLEAU DES NOMS DES POINTS DE L'ESPACE DANS LES IDIOMES LETTO-SLAVES

| | RAMEAU SLAVE PROPREMENT DIT | | | | | | | | RAMEAU LETTIQUE | |
| | GROUPE SLAVE ORIENTE | | | | | GROUPE SLAVE OCCIDENTE | | | LITHUANIEN LETTON | |
	VIEUX SLAVON	RUSSE	SLOVÈNE	SERBE	BULGARE	POLONAIS	WENDE OU SORABE	TCHÈQUE OU BOHÉMIEN	LITHUANIEN	LETTON
EST	*Vostok*	*Vostok* *Ost*	*Ichod*	*Istok*	*Istok,* *Ichod*	*Wschod*	*Rauze* *Nja*	*Vychod*	*Rytai*	*Rihto-Puce* *Austraums* *Austrinté*
SUD	*Yug*	*Yug* *Polden*	*Yug*	*Yug*	*Yug,* *Pladne*	*Polodnie*	*Pelnya*	*Iih*	*Petus*	*Deenas Widus* *Deenas Widus,* *Puce,* *Pretsomitis.*
OUEST	*Zapad*	*Zapad* *Vest*	*Zapad*	*Zapad*	*Zapad,* *Zachod*	*Zachad*	*Wecor*	*Zapad*	*Wakarai*	*Wakara Pucé,* *Reetrums,* *Reetoms.*
NORD	*Sever* *Severo* Nord et Aquilon	*Sieva* *Polnoc* Nord	*Pol-noc,* *Sever*	*Siéva* *Sieveru*	*Séver*	*Polnoc* et archaïque *Stever*	*Polnoc,* *ocy*	*Sever,* Nord et *Polnochi* Boréal	*Zunjei,* *Szaurei,* *Szaure* *Sziaurys* Nord, Aquilon	*Seemolis,* *Seemala-Puce* *Seemalhi.*

la séparation des rameaux Slave et Letton est nota-
blement plus récente que celle par exemple des In-
dous et des Persans, des Celtes et des Italiotes ? Niera-
t-on, par exemple, la parenté du *Wecor :* « Ouest,
en Sorabe », et de *Wakarai* qui a le même sens en
Lithuanien ; le *Szauré*, « Nord », de ce dernier idiome
a déjà été rapproché du *Sever*, Slovène et Vieux
Slavon. D'ailleurs, pour les noms des autres plages
de l'Univers, la dissemblance sera complète entre
Lettons et Slaves. Recherchons maintenant quel
est le sens propre et l'étymologie des termes
désignant les points de l'espace dans les idiomes
en question.

Vostok et *Vychod*, « Est, Orient », signifient littéralement « Marche en avant, progression », de *Vos,*
« Sus, Sursum », et *Tok* ou *Chod ;* « Ire, ambulare ».
C'est la marche en avant du Soleil. *Vostok* est devenu par suite de la chute de la labiale initiale et de
l'affaiblissement de la voyelle suivante, *Istok*, en
Serbe. Le Polonais *Wschod* n'est autre chose que
le Tchèque *Vychod,* mais avec disparition de la
première voyelle.

ler, *Deutsch Windisches Wœrterbuch*, Budæ, 1842 ; 8° Ber
nolak *Lexicon Slavisch-Bohemico latino, germanico unga-
ricum*, Budæ, 1825-1826, 9° Ramsett (Stefan) · *Vocabulaire de la
langue pomeranienne* (en Polonais), Cracovie, 1893, 10° Vuk
Steph Karadtchitch : *Lexicon Serbico - Germanico - latinum,*
Vindobonæ, 1825 ; 11° Budman . *Dictionnaire de la langue
croate*, 1896, 12° Gutsmann : *Deutsch-Windisches Wœrterbuch*, Klagenfuerth, 1769, 13° G. Brasche : *Lettische Wœrterbuch*, Riga, 1880, 14° Ch -G. Mielcke. *Littauisch-Deutsches und
Deutsch-Littauisches Wœrterbuch*, Kœnisberg, 1800.

On ne sait trop quelle est la signification primitive de *Yog,* « *Yug,* pour Sud ». *Zapad, Zachod,* pour « l'Occident », équivalant à « Passage au delà », de *Za,* « Trans ».

Enfin, on a discuté sur la valeur exacte de *Sever, Siévier,* « Nord ». D'après quelques-uns, il conviendrait d'y voir un adjectif au sens de « Rigoureux, Sévère ». M. Schraeder semblerait disposé à le rapprocher, aussi bien que le Lithuanien *Szaurei,* du Latin *Caurus,* « Vent du Nord-Ouest » (1); faisons observer toutefois que *Szaurei, Szauré,* outre la valeur de « Nord » ou mieux de « Nord-Ouest », Vent du Nord-Ouest », possède également celle de « Minuit, milieu de la nuit », qu'on a tout lieu de tenir pour primitive. Le Russe et Polonais *Polnoc* veut dire juste la même chose; c'est à la fois le septentrion et la partie médiane de-la nuit.

Rappelons que le *Hanter nos* du Bas-Breton possède à la fois l'un et l'autre de ces deux sens. Est-ce que notre terme de « Midi », devenu synonyme de « Sud », n'avait pas originairement le sens de « Milieu de la journée ». Il est assez curieux d'observer qu'en Russe, tout comme dans les dialectes Néo-Latins, les noms des points de l'horizon forment en quelque sorte une double liste; l'une purement indigène, la seconde Perse ou Germanique. Les mots Russes *Ost,* « Est » ; *Suden,* « Sud » ; *Vest;* « Ouest », et *Nord,*

____

(1) Schraeder : *Sprachvergleichung and Vorgeschichte,* ch X, p. 510 (Iéna, 1890).

« Septentrion », sont du pur Allemand. Voyez à ce propos notre travail précédent sur *Les noms des points de l'espace.* Le Letton *Wakara*, «Ouest», est visiblement en relation étroite avec *Wakars*, « Soir », dans le même idiome. Même observation pour le *Rytai*, « Est », du Lithuanien, qui n'est autre chose que le *Rytas*, « Matin », dans cette langue ; *Rihta, Riht,* même sens en Letton. L'on ajoutera que dans ce dernier dialecte, *Déenas* était rendu par « Jour, Soleil » ; *Widus* par « Région, côté », et enfin que *Pucé* répond à nos prépositions «Vers, contre». *Deenas-Widus-Puce,* « Sud, midi », est donc synonyme de « Qui est du côté du soleil, dans la région exposée au soleil ». Nous n'oserions, du reste, trop nous prononcer sur l'étymologie qu'il conviendrait d'appliquer à *Austrums*, « Orient » ; *Reetrums*, « Ouest » et *Seemelis,* «Nord».

Des noms des points de l'espace
chez diverses populations Aryennes de l'Est.

Nous rapprochons ici les uns des autres les dialectes Hellénique, Albanais et Arménien, bien qu'ils se rattachent à des familles fort différentes, en raison surtout de ce que nous pourrions appeler leur proximité géographique. On pourra juger d'ailleurs par le tableau ci-joint dans quelle large mesure le Schypétar ou Albanais a, sur le point qui nous occupe, subi l'influence hellénique.

TABLEAU DES NOMS DES POINTS DE L'ESPACE DANS DIVERS DIALECTES INDO-EUROPÉENS DE L'EST

	FAMILLE HELLÉNIQUE		FAMILLE ILLYRIENNE OU ALBANAISE	FAMILLE THRACO-ARMÉNIENNE
	GREC ANCIEN	ROMAIQUE, GREC MODERNE	SCHYPÉTAR ou ALBANAIS	ARMÉNIEN
EST	ἕως, ἥως et (dialecte Éolien,) Αὔςος-Αῆωσ	Ἀνατολὴ, ἡ	*Nja* ou *tun delly, dieli*	*Arévelkh.*
SUD	Μεςεμβριά-Νότοσ	Μεςεμβρια, ἡ-νότοσ, ὁ, νοτιά ἡ	*Notia, Ere Noti, Ere e shrout*	*Harav.*
OUEST	Δύςισ (Dorique) δὺςια	Δυςμαι,αι, ἡ ; δύςις, ἡ-Κατέωμερια, ἡ	*Te* ou *Nja perendon* et *Beriou* « vent d'ouest »	*Arévmutkh.*
NORD	Ἄρκτοσ Βορέασ	ᵌἌρκτος, ἡ-Βοῤῥᾶς, ὁ-βορεας, ὁ	*Boréja, moureri*	*Hiosits.*

1. Quoi qu'il en soit, le grec ancien et le grec moderne se rapprochent beaucoup, quant à la désignation des plages de l'univers. Le nom par lequel ils diffèrent le plus, c'est celui par lequel on désigne l'Orient. C'est, dans la langue spécialement antique, Ἔως, Ἤως, et en dialecte Éolien, Ἄυϛος, d'un primitif *Ausos,* litt. « Aurore, côté de l'Aurore »,c'est le même terme que nous retrouvons dans le latin *Aurora,* mais avec durcissement normal du *S* primordial en *R* ; Cf. d'ailleurs Sanskrit *Ushas,* Aurore, d'une racine Indo-Européenne *ush,* « Brûler, briller », d'où le latin *Uro,* pour un primitif *uso,* et *Aurum,* « l'or », litt. « le métal brillant », pour *Ausum.*

Ἀνατολή qui déjà cité en grec ancien est devenu en Romaïque le nom le plus usuel de l'Orient. Il signifie littéralement « Ce qui s'accomplit en montant, Mouvement de bas en haut », de Ἀνα, « Sursum », et Τέλειν, « Producere, cumplere, gignere ». Ce mot sert spécialement à désigner le lever d'un astre, et, par suite, celui du Soleil, d'où l'on est forcément passé au sens d'« Est, Orient ». Il s'emploie encore par extension, pour désigner l'Anatolie, c'est-à-dire la Péninsule Orientale par rapport à la Hellade.

Μεϛέμβρια, « Sud », pour Μέϛη et Ημέρα, signifie litt. le « Midi », le côté du milieu du jour. Un autre nom de la même plage du monde c'était Νότος, litt. « Vent du Sud »,passé en latin sous la forme *Notus.* De là, le Romaïque Νότια, « Vent du Sud », et, par extension, « Pluie ». Effectivement, le vent austral, tout chargé de vapeurs de la Méditerranée, amène le temps humide et pluvieux sur tout le pourtour de la mer Égée. Aussi ne semble-t-il nullement téméraire de rattacher Νότος à la même racine que Νότις, « Humidité ». Ajoutons qu'en Romaïque, Νότια répond à la fois à l'idée du Sud et d'humidité.

Δύσις (Δύσια, en dorique), « l'Occident », c'est le côté où l'on voit l'astre du jour s'abaisser, s'enfoncer dans les flots, de Δύομαι, « Pénétrer, s'enfoncer ».

Le Romaïque Κατέωμερια signifie « Chûte du Jour ». C'est un composé de Κάτα, indiquant mouvement de haut en bas. C'est donc juste l'opposé de Ἀνατολη, de « Levant ». Reste le nom du Nord. Le plus fréquemment employé paraît avoir été Ἀρκτος, « l'Ours », en latin *Ursus* ; pour un archaïque *Ursus* ; Irlandais, *Art* Gallois, *Arth* Vieux-Gaulois (hypothétique), *Artos*, d'où le Basque *Artzo* qui a le même sens, ainsi que le Sanskrit, *Rikshas,* peut-être bien d'une racine *Riksh*, correspondant pour le sens au latin « *lædere, ferire,* litt. l'animal dangereux, redoutable ». Ἀρκτος, c'est donc litt. « La région située vers la Constellation de l'Ours ». Il est remarquable qu'en Sanskrit, *Rikshas* possède déjà ce double sens « d'Ours » et de constellation de la « Grande Ourse ». Y a-t-il là entre l'antique idiome de l'Inde et le Grec, une simple coïncidence s'expliquant fort bien par la simple inspection de la voûte céleste ? Devons-nous, au contraire, y voir une preuve que dès la période Indo-Européenne primitive, le nom du plantigrade s'appliquait déjà à un groupe d'étoiles ? Un autre nom du Septentrion qui s'applique également à l'Aquilon, c'est Βορέας,

devenu Βορρᾶς en Romaïque. Le sens primordial
paraît avoir avoir été celui de « Vent du Nord, Aquilon ». On rattache ce Βορρᾶς à la même racine que
Ορος, « Montagne ». sans doute pour un archaïque
Βορος. Effectivement, pour les habitants des îles
de la mer Égée, le vent du Nord, c'est celui qui
souffle des montagnes de la Thrace. Il semble donc
que ce soient les populations maritimes des Cy-
clades qui ont communiqué aux Grecs continen-
taux à la fois les noms de vent et ceux des points
de l'espace.

II. Si l'Albanais ou Schypétar, considéré par
M. Schraeder comme le dernier représentant de
l'antique famille Illyrienne, s'éloigne extrèmement
du Grec, au point de vue grammatical, il a cependant emprunté beaucoup à ce dernier idiome, sous
le rapport lexicographique. On en pourra juger par
les noms Schypétars des points de l'espace, dont
nous devons communication à l'obligeance d'un
savant linguiste, M. Benlœw.

L'Est se dit *Nja Déllj* ou *Tan dellj, diéli,*
« Vers le lever, du côté du lever du soleil », de
Tan ou *Nja,* prépositions marquant l'ablatif, *dellj,*
« Sortir. se lever », et *Dieli,* « Soleil ». Dans cet
idiome, le nom propre du Sud, *Notia* ne constitue
visiblement qu'un emprunt au Romaïque. Pour le
vent du Sud, on aura *Ere Noti,* litt. « Vent humide »,
ou *Ere e shiout,* litt. « Vent de la pluie », de *Ere,*
« Vent », peut-être à rapprocher du Grec ᾿Αήρ,
« Air », du Latin *Aer* et de *Shi,* « Pluie ».

Pour l'Ouest, nous trouverons *Tets* ou *nja Perendon*, de *Perendoj*, « Je disparais, je péris », litt. « Vers la disparition » sous-entendu « du Soleil ». Le vent de l'Ouest, *Beri ou* est rapproché par M. Benlœw de *Berea*, « Printemps »; Cf. latin *Ver* Ce serait donc le vent Printanier, qui souffle surtout au retour de la belle saison.

Enfin le Nord aussi bien que l'aquilon ou vent du Septentrion sont appelés, en Albanais, *Boréja* ou *Mouréri*. Ajoutons que M. Benlœw considère ces deux mots comme identiques au point de vue Étymologique. Ce ne sont que des emprunts au Grec et Romaïque Βορέας. A la même source, nous ramènerons le Schypétar *Borja*, « Neige », qui ne constitue visiblement qu'un dérivé des précédents.

III. Les noms de ces mêmes plages de l'Univers offrent plus d'originalité en Arménien, ainsi que le fait voir la liste à nous adressée par M. Meillet avec explication étymologique.

Arevelkh, « Orient », a pour sens propre celui de « Montée, sortie du Soleil »; Cl. *Arev*, « Soleil », et *Elkh*, « Montée ». L'origine du nom du Sud *Harav* reste obscure. On ne saurait guère supposer qu'il n'ait rien à faire avec celui du soleil.

Arevmutkh ou « Occident » est simplement « l'Entrée du Soleil », sous-entendu dans la mer; Cf. *Mutkh*, « Entrée ». Enfin, on ne connaît pas d'étymologie pour *Hiosis*, « Le Nord, le Septentrion ».

Des noms des points de l'espace chez les
peuples Indo-Iraniens.

I. Le Sanskrit, qui possède d'ailleurs tant de ca-
ractères d'archaisme que l'on a été tenté, bien qu'à
tort, d'y voir la langue Aryenne primitive, présente
un caractère très primitif en ce qui concerne la
désignation des points de l'espace. Le tableau ci-
joint montre clairement qu'il est, de tous les dialectes Indo-Européens, resté le plus fidèle à les
nommer d'après l'usage, déjà consacré sans doute
par la religion, de s'orienter sur le soleil levant.
Le nom du Nord seul ferait exception et aurait été
tiré, nous le verrons tout à l'heure, de circons-
tances purement topographiques.

Les deux termes les plus employés pour « l'Est »
sont *Prâtchi,* litt. « Région de devant, en face », dont
Prâné constitue à la fois un véritable doublet et un
synonyme de *Prât :* « Coram, antè, in conspectu »
(C. Grec προτέ, πρόσ, « du côté de, en venant de »),
et *Pura, Pûrva,* litt. « A l'opposite » (Cf. *Purvas :*
« En face » et A l'est).

Dakshinâ, d'où le nom du Déccan, partie méri-
dionale de la Péninsule Indostanique, est à
la fois le « Midi », et la « droite », le « côté droit ».
Cl. Grec Δεξιοσ: « qui est à droite, occupant le côté
droit ».

Le nom le plus usuel pour l'Occident paraît être

TABLEAU DES NOMS DES POINTS DE L'ESPACE DANS LES DIALECTES TUDO-FRANCENS

| | GROUPE INDIEN | | | GROUPE IRANIEN | |
| | | | | | |
	SANSKRIT	HINDOUSTANI, TZIGANE		ZEND	PERSAN
EST	Pura, purva, Prâne, prátchi	Mashriq, Purale, Purab.	Tele Ramm.	Upaoshanivhva.	Chêrk, Chark; Mechreq, Mechrik.
SUD	Dakchinâ	Yanub, Dakkan, Dakkin.	Ahorat, Tele Ramm.	Rapithwa.	Djenoub.
OUEST	Paççima, Pratyanc, Prâtiee.	Magrib, Pachcam, Pachhin.	Gattero Ramm.	Daoshatara Occidental.	Gharb, Ojherb; Meghreb, maghreb, Bakkhas.
NORD	Avara, Sauya, Uttâra.	Schamâl, Uttar.	Waterıratt	Apâkhtara.	Chemal, Chimal.

Prâtiç, forme féminine de *Pratyaç :* « Après, en arrière, postérieur » et dont *Pratyanc* semble une sorte de doublet, de la préposition *Prâti:* « Vers, vis-à-vis, contre ». Il a du reste comme synonyme *Paçpima :* « Postérieur, Occident, Occidental », de *Paçpat :* « Derrière, en arrière, à l'Ouest ». Enfin, nous trouvons pour le Nord, *Savya* dont nous ignorons l'étymologie, mais surtout *Udiçi,* litt. « Région d'en haut » et enfin *Uttara,* litt. « Plus haut, plus élevé », qui n'est qu'une forme comparative de l'adverbe *Ut:* « En dessus, en haut ».

On trouve également *Avara :* « Septentrion » et aussi « Inférieur, postérieur », qui n'est qu'un comparatif de *Ava:* « En bas, en s'éloignant de ». On remarquera que ces deux derniers mots ne coincident que dans le sens de « Postérieur, en arrière ». Ceux de « dessus, en haut », et par suite « Nord, en arrière », sont visiblement dérivés. Il résulte de là que le Nord n'a pas été ainsi désigné en raison de l'élévation de la chaîne de l'Himalaya qui borne l'Inde au Septentrion. Le Nord est en réalité la région postérieure, que l'on a derrière soi. Y aurait-il le souvenir d'une ancienne orientation sur le Midi, analogue à celles de certaines tribus Sibériennes et par nous signalées dans un précédent travail? (Voyez *Recherches sur les noms des points de l'Espace,* dans les *Mémoires de l'Académie Nationale des Sciences, Arts et Belles-Lettres de Caen,* année 1882). Nous n'oserions rien affirmer à cet égard.

II. L'Hindoùstani, en sa qualité d'idiome au lexique fort mélangé, présente au point de vue qui nous occupe en ce moment, un phénomène tout à fait analogue à celui que nous avons déjà signalé dans les dialectes Néo-Latins et en Russe, c'est-à-dire que chez lui, les noms des points de l'espace apparaissent pris à une double source.

Aux éléments purement indigènes fournis par le Sanskrit viennent se joindre ceux qui ont été empruntés à l'Arabe. Nous reconnaissons, sans peine, dans *Purale :* « Orient », le *Purva* de la vieille langue de l'Inde ; *Dakchinâ* dans *Dakkan :* « Sud ». Enfin *Pachcam :* « Ouest » et *Uttar :* « Nord », ne sont autre chose que le *Paçpima* et le *Uttâra* du Sanskrit.

Par contre, reconnaissons dans *Mashriq :* « Est », l'Arabe *Maschriqo,* m. s. de la racine *Scharaqa :* « Ortus est ». S. e. « Sol » ; dans *Yanub :* « Sud », l'Arabe *Djenoub,* m. s. *Maghrib :* « Ouest », nous apparaît comme un emprunt incontestable à la langue du Coran, *Maghribo :* « Coucher, déclin », de la racine *Garab :* « Exiit, Excidit ». Enfin *Schamâl :* « Nord », n'est pas autre chose substantiellement que l'Arabe *Schemâla, Tumalo* id.

III. L'origine indienne, tout au moins du lexique en vigueur chez les diverses tribus connues sous le nom de *Gitanos,* Tziganes, Gypsies, Bohémiens, est un fait aujourd'hui universellement admis. Malheureusement, nous possédons assez peu de renseignements en ce qui concerne leur nomenclature des

points de l'horizon. Voici toutefois ce qu'un savant
Allemand nous apprend à ce sujet (1) :

L'Est se dirait *Télé Kamm*, litt. « Soleil en bas ».
de *Tele* ou *Pélé :* « En bas » ; Cl. Sanskrit, *Tâla :*
« fond, profondeur, position inférieure » et *Kamm :*
« Soleil » ; Cf. Sanskrit, *Gharma :* « Chaleur, saison
chaude ». On aurait pour le Sud, outre la locution
Télé Kamm, déjà citée, *Apo Ratt.* Le sens propre
de *Ap* ne nous est pas connu. Quant à *Ratt*, ce
mot signifie la « Nuit » ; Cf. Sanskrit *Râtri*, m. s.
Enfin *o* équivaut à notre article défini.

Gatter o Kamm : « l'Ouest », se rendra litt. par
« Contre le soleil, à l'opposite du soleil », de *Gatter :*
« Où, d'où, contre ». Enfin, nous aurons pour le
Nord *Gatter i ratt*, litt. « Là où est la nuit ».

L'exactitude de toute cette synonymie n'est pas
sans nous inspirer quelques doutes. Comment expli-
quer cette locution « Soleil en bas, soleil inférieur »
pour désigner « l'Orient ». Je ne pense pas que sem-
blable métaphore se rencontre dans aucun autre
idiome. Et puis comment admettre l'emploi de ce
même *Télé Kamm* pour désigner deux points de
l'espace différents, tels que l'Orient et le Sud ? Enfin,
que vient faire le terme *Ratt* dans le nom du
Sud ? Nous serions assez porté à croire, pour notre
part, que certaines confusions entre les noms des
plages du monde ont été commises par notre
auteur. Toutefois, nous ne saurions les relever
d'une façon plus précise.

(1) Dr I. Richard Liebich : *Die Zigeuner in ihren Wesen*
(Leipsig, 1863).

IV. Nous devons à l'obligeance d'un savant Era-
niste, M. Blochet, les renseignements suivants sur
les noms des points cardinaux en Zend :

L'Orient, c'est *Upaoshanivhva,* litt. « Ce qui est du
côté de l'aurore », de *Upa:* « vers » et *Ushanh,
Ushânh :* « Aurore » ; V. « le grec ἔως », on dit *Ushas-
tara* pour « Oriental ».

L'étymologie du nom du Sud, *Rapithwa,* ne nous
est pas connue ; faisons observer que le génie du
Midi s'appelle *Rapithwina.*

Nous ne connaissons pas le nom zend de l'Occident, mais l'on possède son dérivé *daoshatara:*
« Occidental », de *daosha* », nuit » ; Cf. Persan, moderne, *dosh,* m. s.

Enfin, on a pour Nord, dans cet idiome, *Apâkh-
tara,* de *Apa:* « Ab », et *Akhtara :* « Aster », d'où le
Persan *Akhter,* m. s. C'est un doublet du mot *Stâre:*
« Étoile », dont dérive le nom de femme Esther.

V. Les noms Persans modernes des noms de l'espace, *Chèrk, Mèchrèq* pour « Orient » ; *Djenoub:*
« Sud » ; *Gharb, Maghrab:* « Ouest » et *Chimal:*
« Nord » constituent autant d'emprunts à l'Arabe,
ainsi que ceux de l'Hindoustani. Renvoyons le lecteur à ce qui a été dit à ce sujet. Un seul terme
serait indigène, c'est *Bakhtar:* « Ouest », à rapprocher, comme nous le fait observer M. Blochet,
du zend *Apâkhtara* qui cependant avait le sens
différent du Nord.

Caen. — Impr. H. Delesques, rue Demolombe, 34.

www.ingramcontent.com/pod-product-compliance
Ingram Content Group UK Ltd.
Pitfield, Milton Keynes, MK11 3LW, UK
UKHW020011130726
13694UKWH00005B/2235